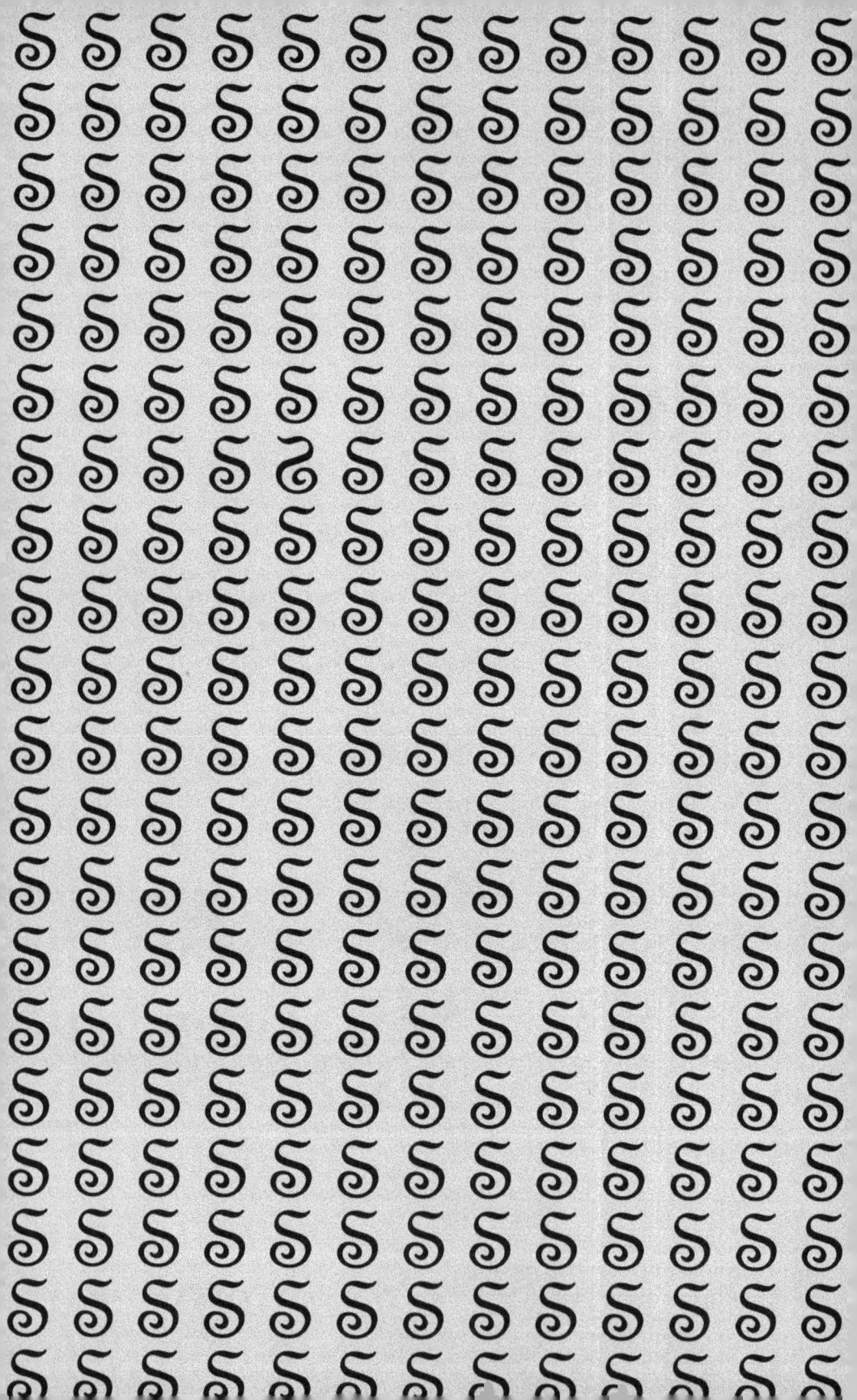

Bicéfalo

Bicéfalo

Armando Rosselot C.

Poetisos al Sur del Mundo

Editorial Segismundo

© Editorial Segismundo SpA, 2019-2024

Bicéfalo
Armando Rosselot C.
Colección Poetisos al Sur del Mundo, **12**

Segunda edición: Julio 2019 (revisada y corregida)
Versión: 1.8
Copyright © 2019-2024 Armando Rosselot Cuevas

Contacto: Juan Carlos Barroux <jbarroux@segismundo.cl>
Edición: Juan Carlos Barroux Rojas
Diseño gráfico: Juan Carlos Barroux Rojas
Ilustración de la portada: Monique Barroux
Fotografía de la contraportada: Armando Rosselot C.

Registro Propiedad Intelectual N° 158.281
ISBN-13: 978-956-6029-25-0

Otras ediciones de
Bicéfalo:

Impreso en Chile
ISBN-13: 978-956-6029-24-3

Impreso bajo demanda - Tapa Dura
ISBN-13: 978-956-6029-87-8

Impreso bajo demanda - Tapa Blanda
ISBN-13: 978-956-6029-25-0

eBooks y Lectores Digitales
ISBN-13: 978-956-6029-26-7

En la colección *Poetisos al Sur del Mundo*:

Con un Wantán Atorado en el Alma
    – Alejandro López Palacios

De Tierra y Asfalto
    – Eduardo Alvarez Sánchez

Hablemos de Ello
    – Jaime Arenas Saavedra

Ingrata República y otros Asesinatos
    – Patricio Fernández Muñoz

Un Pueblo fuera del Mapa
    – José Ángel Hogas Novoa

Bocabajo
    – André Meyer

American Home *y la Inevitable Ausencia*
    – Armando Rosselot C.

Bitácora Ácrata
    – José Navarro

Los Versos de la Enredadera
    – Jaime Arenas Saavedra

Dedicatoria

Dedicado a mis hijos: Max y Dominique.

Prólogo

Han pasado más de diez años desde que *Bicéfalo*, en su primera versión, apareció entre nosotros. Tiempo lo suficientemente generoso como para que un escritor haga terapia de sus escritos iniciales. Pues, no pocas veces, la distancia acusa deformidades y desniveles que en el momento, al fragor del entusiasmo o de nuestros hallazgos, no advertimos. Así, como no pocas veces, este primer atrevimiento suele ir acompañado de una suerte de enseñoramiento en la aspiración al título de *poeta*. Mucho caudal ha resonado durante todo este trecho, con un incalculable número de voces poéticas aparecidas como nunca antes con la globalización y también en el quehacer de nuestro escritor de la mano de diversos géneros. Si ya el publicar implica una responsabilidad respecto al rico cultivo que te precede y al lector, el reeditar un primer libro conlleva un peso doble. Un acto al que muchos creadores se rehúsan, prefiriendo sólo bogar hacia adelante, llegando incluso a invisibilizarlo y no contarlo en los recuentos de su obra. Volvemos a las páginas de *Bicéfalo*, y la primera impresión que tengo es que Rosselot supo esperar, no sabemos cuánto tiempo le demandó la construcción del libro, pero sí en el decir. Fue un primer libro en su hora oportuna, y que aún conserva limpios los conductos por donde nos hace llegar fluidamente ésa especie de confrontación consigo mismo desde una honestidad brutal. ¿Cuán distantes estamos del yo poético de *Bicéfalo*? Mejor dicho, ¿cuán distante está el hombre moderno? Una clave nos puede dar el poema "Pollos", donde más allá de la referencia a esta ave bien podríamos tener una lectura de nuestra condición humana, tan pauperizada, cada vez más sin esperanza, sin poder "piar" a la deriva del abuso de algún poder y sus fenómenos, y donde también la víctima es victimario al cooperar con este ciclo que se repite una y otra vez con mayor sometimiento en cada generación. "Duele/ al sospechar que no soy más que un guijarro/ en una caja/ de exportación", nos dice en otro de sus poemas, o cuando nos dice: "Pienso que puedo revertirla masacre/pero sólo soy parte de ella/ (...)/ somos ruinas de lo que nunca fue". Pero el yo poético de Rosselot intuye un "algo más allá" de ésa opresión. Y quizás por eso la figura del *bicéfalo*, que no sólo implica dos cabezas, sino dos conciencias, dos miradas, dos viajes, dos verdades, etc., unidas a un mismo tronco ineludible que es la vida. Hay un estar aquí en el ruido de los hechos, y otro que es un llamado a la verdad propia, la autenticidad, la libertad. "Soy y no soy/ dentro de un trompo de dos caras", nos declara. Y el modo de abordar estas caras no es huyendo sino reconociéndose. "Mal sáname", nos dice en su poema "Mal camino", en lo que pareciera una contradicción; sin embargo, como mencionábamos, su estrategia es otra, ¿por qué el *mal* no podría ser curativo? Negar es maquillar, y es por las fisuras por las que se obtiene un aprendizaje mayor. Y en este ensamble está, inexorablemente, la vuelta al origen: "Cantar el canto inverso/ el que vuelve adentro/ adentro del adentro/ profundo/ en una primera inhalación", para ver qué es lo que hemos perdido en el devenir, rescatarlo, respondernos por el presente y no tener a la incertidumbre del futuro. Entonces, en ello aparecen elementos como el aire, la tierra, el fuego que nos recuerdan nuestra constitución y maravilla, la naturaleza como refugio del viajero cansado. Hay un espíritu estoico que insiste, un acercarse al deterioro, a la muerte, al olvido, el abandono, a los que ya no están y, desde ahí, apostar por la vida otra vez: "hay que gritar con fuerza/ le respondo/ hasta que las gargantas se sequen/ y duela/quizás en ese instante se pueda hacer algo", nos canta. Un discurso de resistencia, que con herramientas como un lenguaje escrupulosamente cernido con palabras que responden a la necesidad del poema sin concesiones, siguen haciendo de *Bicéfalo* una eficaz experiencia.

Denisse Vega Farfán
Poetisa peruana

Uno

Traigo todo lo que no quise

Si la hora del té fue el Némesis

el holocausto

ambos horrores se quedaron en mi mente

Pánico

con escarabajos subiendo por las piernas

nada por sentir

a veces el enorme desconcierto

junto con la risa orate

del que nada puede hacer

En la ínfima duración

de mi éxtasis

otra vez traigo lo que no quise

y creo proteger la memoria indefensa

ante la sombra de lo peor

más allá de mi último recuerdo

Soy y no soy

dentro de un trompo de dos caras

cuando el té se derrama en mis raíces

y desaparezco ante el fuego concluyente

y la tierra me abraza

para no dejarme ir y gritar sin voz

como siempre

cuando la cena

al fin espere

como cada día

mi nunca llegada

Único

Lo único concreto es la puerta de entrada

la saliva de tu boca

peces entorpecidos por tráfico de moscas

adormecidos en una gestación sin agua

Concreto es la podredumbre y el viento duro

¿Qué hago aquí?

Se preguntan cuándo vuelo a través de pilares
                                        [ensangrentados

contemplando las metáforas regresivas de una vida
                                                [entera

tan solo para decir que lo hice mal

y adorar a quien lo comprenda

adorar alabar

alabar adorar

Armando Rosselot C.

Canto inverso

Canto el cantar inverso

el que vuelve adentro

adentro del adentro

profundo

en una primera inhalación

Grito el canto inverso

lejano como un primer hueso

girando en su antigiro

al inverso y diferente

Río de la lengua analfabeta

oigo lo que se pega a las vísceras

y fluye

en cataratas de espanto

Puente

Hay sonido de rebaños esta noche

y el puente agita la calma

puente en la tierra

en el nervio

cruzo rápido

para tocar la piel casi de juguete de aquella niña

amiga del olvido

en la esquina única de la ecuación consciente

sobre el puente guía

y guía de las tinieblas cuando me veo sobre aguas de
                                        [confusión

y escucho decir en una canción de cuna que no es tal

que todo es casi un juego y yo

casi un niño

Armando Rosselot C.

Agua

Agua

dame el soplo

blanco

que sea ligero

que me sane

y envuelva el ocio de mi cuerpo cansado

Fluye como hijo

savia de agua

tuyo en las nubes

y dame el soplo

agua

para ser agua en tu agua

Aves

Sirenas

ondulando en la oscuridad

que llaman

a sus aves glamorosas

que se unen

de a dos

tres

que se unen

y van sumergiéndose en el cielo

nocturno y sirenado

húmedas

englobadas en plumas de azúcar

aves del mar

aves de la noche

Alas nocturnas

En la noche de alas

y sombra

el mar ahoga los sueños de tu boca

de tus palabras

así es la noche de alas y oscuridad

tibia noche de tibias sombras

y de mar

A tus faldas

Sugiéreme el vuelo de tus hojas al oído

sostiene el azul ajeno a tus pies

Y búscame en una tarde calurosa

cuando caiga a tus faldas somnoliento

Armando Rosselot C.

Nubes

Se encadenan

las nubes

en el regazo de cielo

y duermen

Fuego

Por la tierra de la tierra

mis dedos buscan los minutos

que se han ido

en días soleados

en la bruma de brasas

junto al espasmo

que toma mis dedos sin aviso

y me invita a correr

donde se queman los pies

el rostro

así los párpados quedan en la ceniza

y soy fuego

fuego

Armando Rosselot C.

Bajo el puente más lejano

La Luna esconde su leche amarga

esculpiendo esqueletos como frutos de verano

que son lanzados

quizás

bajo el puente más lejano del mundo

Oscurecido por la muerte y planetas desiertos

quiero respirarme una y otra vez

nadar en círculos como una bestia marina

saltar alto

con el pecho húmedo y ligero

hasta tocar sus cráteres

hasta rasgar su piel

Luto

De visita por la sala de luto

del asesinato que vuela por doquier

hasta aquí

para ser

un despojo de sueños sobre una cama

y corre

no descansa ni olvida

abre su enorme burla para danzar

muy lejos

en el último horizonte

antes de tocar el cerrojo de la primera matriz

en la decorada sala de muerte

y luto

que no vela ni habla

donde no se oyen voces

(y no tiene por qué)

por ello sólo reímos

mientras se retuercen

los que no tienen más tiempo

Viento

Sólo el viento en los hombros

no existen los días

hay huesos corroídos en el césped

se olvidan las horas

cuando se vuelcan

en la sangre

y no hay retorno

los gusanos ríen

nosotros no

Armando Rosselot C.

La muerta

Bajo un recuerdo está la muerta

los ojos atrás de la nuca

la mandíbula amarilla

le sonríe al cielo

De su boca brota hierba

su lengua se disolvió con la última lluvia

fría es su compañía

la muerta

que desea ser savia de arbusto

durante el próximo verano

Cuchillas

El invierno se quedó en el suelo

anudando brotes en su garganta

unas cuchillas en silencio van por la tarde

cortando cada hora

hasta el fin de los tiempos

Armando Rosselot C.

Noche de huesos

En una noche de huesos desperté

por segunda vez

no sangraba

sólo canté una vieja melodía

la que mi lengua y cuerpo reconocieron

En esa noche de huesos caminé

por senderos que no eran humanos

sino que eran de antes

mucho antes

Dos

Mal camino

Mal sáname

antes de cruzar el pórtico

mal sáname ahora

para no ver el reflejo del alba en tus manos

mal sáname

para así acusar al viento

y borrar la voz que llama incansable

a cada segundo

cobrando nuevas víctimas

haciendo que los carretoneros levanten

miembros diseminados

por todo lugar

mal sáname luego

antes que me alcance la ola terrible

y estalle

Armando Rosselot C.

Entre pasillos

Duele

al sospechar que no soy más que un guijarro

en una caja

de exportación

me aterro

al volver la espalda

pensando que Dios me espera

luego de ser consumido

por la clientela

y quizás

me pierda en el vértice del limbo

¿Será justo escarmentar tantas veces?

Pregunto

cuando voy entre los pasillos

del cuerpo

saludando con gentileza a las palomas grises

pisando plumas

gesticulando casi palabras

hasta decir lo que no es

ya que mi lengua se paralizó hace años

Duele

y duele más cuando gritas de gusto

cuando el mío termina antes de llegar

hasta que brota un niño

y yo me convierto en un fantasma

en la sala contigua

bailando con huesos de polvo

celebrando la cuna de miel y biodegradable

de setenta y nueve mil nueve noventa

al fondo

de todos los pasillos posibles

Ojos de iguana

En la fiesta de la iguana

el veneno débil

la entrega

y un coro de sapos

hicieron un espectáculo de bienvenida

Al final

nos tomamos un trago de barro

detrás de la tumba

hasta la llegada de las hormigas

las que entraron hasta mis entrañas

haciéndose ojos de olvido

tan viejos

que a la muerte no conocen

y están en mi sangre

hasta llevarme lejos de la fiesta

de la iguana negra

dando a luz niños

de ojos incoloros

niños de lengua larga

Puerta

La puerta

arqueada en su propia sílaba

apaciguada por mis legiones

yo

como loco

dando vueltas en el infierno

Arena

No quiero

no puedo

no encajo

no hay suficiente fuerza

en mi piel para tocar

todo lo posible en el mundo

en la arena

de oscuros sueños

que no me permiten despertar

oír

ver desde a fuera y estoy aquí

deseando cambiar todo con este cuerpo

tan pequeño

en la arena del cosmos

Monos

Los lugares se fueron

solidificándose en otro sitio

pasan llamas

cortando cabezas de monos

que hablan

que tal vez se llene el mundo de cráneos

de largas raíces

con árboles de ojos saltones

que cubran al sol

a veces la calle

con llamas de las viejas de los monos sin cabeza

que saltan buscándose la cola

y hablan agitando sus manos

por el día por la noche por los pies por la sangre

Matamoscas

Ojo con el matamoscas que viene con ira

¡cuidado con las púas!

Hay que cubrirse los oídos

algunos piden disculpas

una pareja se revuelca desnuda en el pavimento

aúllan los perros

cuidado

con el matamoscas

llegó sin aviso y vuela rápido

no se puede gritar más

en este lugar no hay árboles

tampoco césped ni piletas refrescantes

sólo rocas y moscas muertas

Máquina negra

En el tramo divisorio

se yergue la máquina negra

en el curso final de su viaje

culpable

y maldita por no perdonar a nadie

algunos dicen esperar su clemencia

más allá de cualquier lugar

lo siento mucho

no somos inmortales

Armando Rosselot C.

Cien años

Cuando pasen cien años cambiaré

de moda

amigos

y tal vez logre escupir lejos

Ya pasaron más de cuarenta y acá estoy

sin fama y casi nadie

comiendo algo de queso y pan centeno

sentado sobre losa fría y sin dónde ir

Yo que esperé llegar para nunca volver

quien me viera

si hasta la arena me hecha a patadas

Tres

No pudieron

Muchos pies heridos pintaron la calzada

algunos gritos se fueron con el viento y las hojas

la plaza no tiene juegos de madera

no crece nada verde

y el polvo baila dando vueltas por el aire

Pienso que puedo revertir la masacre

pero sólo soy parte de ella

las explosiones remecen la poca tierra virgen que nos
[cubre

¿dónde se fue la cosquilla que emanaba de la piel de
[los muertos

el agua de los ojos

la retorcida mirada de aquellos deseos?

Las voces huérfanas vagan por la ciudad

moscas zumban en un coro de procesión

todo se llena del vaho de los cuerpos

el fuego nace para crecer y lanzar su último orgasmo al
[cielo

somos parte de la locura

somos ruinas de lo que nunca fue

No somos

no merecemos

y no existe nadie que olvide las legiones de quienes no
[pudieron

ni ella

caminando sobre el lodo buscando a otro

alguien que no pudo

Bocas en olas

Eran bocas en olas

fugaces

suicidas olas de viento

que dejaron todo hasta morir

y su cuerpo

queda en mis labios agrietados

olas de antes

susurro de muerte inmensa y majestuosa

pero no deseo más lágrimas en mi rostro

¡levántense!

No caigan más

nunca más

Armando Rosselot C.

La botella

Una botella de licor se quebró tras los montes

y vamos

hacia sus pedazos como locos

tú rompes tus pies

con más trozos yo mi lengua

mi pecho

el orgullo

y te vas

volando para no regresar

lejos de la sangre y del olvido

Ciclón

Todavía quedan hojas verdes

en la tierra del ciclón

Armando Rosselot C.

Hija del mar

Bajo el manto de las algas

viene ella

con el mar en sus ojos

y sin un vestido que le recuerde su infancia

Alguien dijo que hace mucho perdió el alma

que fue en un suspiro

de consuelo

que desde ese día le cantan las mareas y las olas

Allá va caminando secando su cuerpo

buscando un nuevo nombre entre las rocas y el viento

cuando salta toca las nubes

y sus cabellos hacen la tarde hacen la noche

se muestra en cada luna llena

con su vientre abultado

bajo las aguas bajo el olvido

Dicen que nunca nacerá

que flotará en la orilla

junto a las algas y la basura

hasta que lleguen las gaviotas los cangrejos

y yo no estaré

no habrá nadie quien sane sus heridas

Armando Rosselot C.

Por las noches curaba

Fue el aroma a pan tostado

o la brisa que envolvió mis piernas

quizás el humo suave

que me recorrió en horas confusas

extrañas entre las ramas de un arbusto frondoso

en mi mente

en rincones abandonados de la mano de Dios

donde me tomó ella

la que por las noches curaba con su néctar

a locos ansiosos

para regalarles tibias olas de tiempo

Sólo risas

Luces danzan en la cabeza de la mujer

nunca lo supo

sólo algunos restos azules en sus labios

la saludo casi por decreto

peculiar es el aire que deja

de su cuello cuelga un rojo cartel

Cerrado por inventario

dice

sólo risas

Suplicadora

Bajo un templo viejo y tan curvo que creí de agua

se movía la suplicadora

yo la vi

atada a sus felpas de colores

con aroma dulce

suplicando

Creí que mis venas se harían polvo

en su altar

pero me tomó con su lengua

me trajo entre árboles y montañas

hasta las tumbas

de quienes taparon sus sueños

con las primeras súplicas

o las nubes

y ella

otra vez volará

suplicando

en un vuelo incierto quizás húmedo

Armando Rosselot C.

Ahí estaba

Ahí estaba

golosa

despreocupada y lengua dulce

piel de caramelo

abejas

se vienen a mi mente de lava

roja tan roja como el centro del mundo

y la golosa indolente

habla en una cama de grillos

húmeda

y la tomo

goloso

explotando mi cuerpo hecho río

mi voz

una campana

Los minutos

Alégrate que nos hundimos en la ciénaga

no hay barrotes en tu rostro

ni en mis labios

tampoco tengo mis brazos atados a un reloj

marcando las tres

tus dedos calman mi apuro

mientras deseo no ahogarme para ser

una daga recorriendo tu cuello

cálmate

me dices

nuestro pacto ha llegado y no puedo seguir

porque el día se va

y quizás nunca logre sentir tu aliento otra vez

Armando Rosselot C.

Nunca

El estrellado cielo

se hace oro en tu rostro

me río

porque nunca te vi antes de noche

¿naciste de nuevo o la brisa lavó mis ojos?

Extraña pregunta

para el que siempre creyó verte

debe ser

que jamás salimos

a la gracia de la noche

Suspiro

Vas como suspiro junto al viento

sé que por ti brindé

donde luego solías caminar

y bailaste

de la mano con la muerte

mientras yo observaba

al borde del camino

tras ese viejo deseo

donde sé

que me dolerá el tiempo

de tus costillas bajo la tierra

Cuatro

Cogotes

Hay tres ventanas

están abiertas y no se ven pájaros en vuelo

el cielo es anaranjado y en la cocina se acumulan

[cogotes

de pollo

también en las calles

en los campos

creo que se acaba el mundo

dice una vieja desde su habitación en el sanatorio

hay que gritar con fuerza

le respondo

hasta que las gargantas se sequen

y duela

quizás en ese instante se pueda hacer algo

cuando me dirijo a la cocina

a limpiar las plumas y la grasa

afuera hace un calor de mierda y está todo podrido

Armando Rosselot C.

Pollos

Somos pollos en caja

en celdas plásticas aguardando lo inesperable

sin plumas

y con heridas que expulsan

todo tipo de enfermedades

ni siquiera piamos

ni nos movemos

gordos de pura grasa y ciegos

sin lengua   sin alma

para ser fritos en piscinas de promesas y aceite

o ser molidos como alimento

para nuestros hijos

Somos pollos

de plumas blancas azuladas

por el cloro

el antibiótico o la radiación

no importa

la mesa nos espera tarde o temprano

el pan   el paté

la hamburguesa

Nunca pudimos cantar al alba

ni correr por la hierba

y pensar

que alguna vez

fuimos dinosaurios

Armando Rosselot C.

Pascua

La pascua pasó rápida

dio un par de vueltas

y se fue

se quedó un escupo

una hoja de diario

también un vaso de vino barato

sucio y quebrado

sobre el *bidet*

Afuera

todos cantan

como si nada

Otra despedida

Porque el adiós es inmenso

quiero prolongar el sonido de tu voz

tus dedos en mi cabellera

partir sin nada más que esos segundos

bañándome en lo que queda

de esta pequeña eternidad

Anexos

Indolente

Chapoteabas desnuda en al agua

yo limpiaba mis manos

me sequé hasta que dolió

y me vestí muchas veces

Te llamé también

debía cumplir con mi deber

pero tú nunca oíste mi voz

desnuda en el agua chapoteabas

despreocupada y sin cesar

Armando Rosselot C.

Llama

Desnuda llama

reposa sobre nuestros cuerpos

la música brilla en tu palabra

no hay tiempo

acaba de irse

con el último aliento

Conjuras

Conjuras bajo tu timidez

la locura de una montaña rusa

más de una vez quise subir

y tocarte hasta las entrañas

para encontrarte

subir tus toboganes

dar vueltas

sentir el aire en las mejillas

Armando Rosselot C.

Tu llanto hecho vino

A través del llanto hecho vino en tu boca

sentí el terror definitivo

que con sombras se iba lejos

para nunca regresar

Pasaron muchos años y jamás lo volví a palpar

hasta hoy

cuando el sol impide ver nuestros rostros

nuestras manos

Biografía del autor

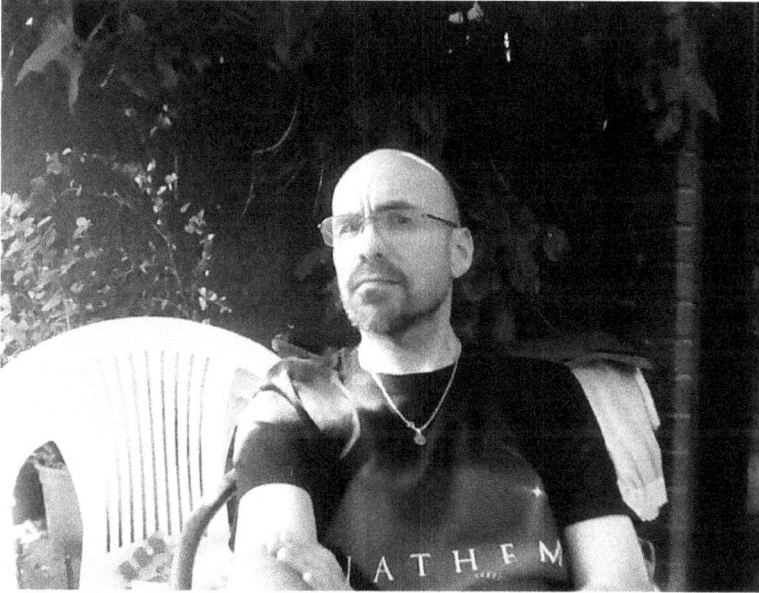

Armando **Rosselot C.**, nacido en Santiago, en 1967, estudió en el colegio *The Grange School* toda su educación escolar. Ingeniero en sonido (U. Vicente Pérez Rosales) y diplomado en literatura infantil y juvenil (Idea-Usah 2015).

En 2006 publicó un libro de poesía por editorial Mago Editores, llamado ***Huesos de Pollo Bicéfalo***, ha publicado poesía y relatos en libros de antologías en Chile (Bordecerro y Plaza Italia) y España (Especial Asimov de Libro Andrómeda y Eridiano Chile de Alfa Eridiani).

En 2007 sale el relato *Los niños se aburren por la tarde*, en el libro de relatos fantásticos **Alucinaciones TXT** de editorial Puerto de Escape en Chile.

Además, ha publicado relatos en los libros de literatura fantástica y ciencia ficción **POLIEDRO**. *Poliedro I* (2006), *Poliedro 2* (2007), *Poliedro 3* (2008), *Poliedro 4* (2010), el volumen 5 el 2015 y el volumen 6 el 2019 del Grupo Poliedro, siendo, hasta ahora, uno de los editores del proyecto.

En 2009, en noviembre publicó la novela fantástica juvenil: *Te llamarás Konnalef*, de editorial Forja, Chile.

En noviembre del 2014 publicó su 2da novela *Tarsis*, primera de la saga (8128), por la editorial Austrobórea. En 2015 publica dos poemarios pequeños por Opalina Cartonera: *Anexos del siglo pasado* y *Otro Suelo*. En noviembre del 2015 se publica la 2da novela de la saga: *Entidad*, también por Austrobórea.

El 2016 se realizó la republicación de la primera novela juvenil *Te llamarás Konnalef* la que fue por completo corregida, además tendrá una segunda parte. La nueva versión se llama **TOKI** (Editorial Segismundo); también publicó un poemario: *American Home* (Editorial Askasis). Ese año, su cuento *Cajas* fue incluido en el libro de antología de ciencia ficción Chileno Argentino **Espacio Austral**, de Editorial Contracorriente.

El año 2017 lanzó, a fines de abril, su poemario *Cementerio de Mundo* por Cerrojo Ediciones, además de ser incluido en el libro de cuentos de terror *Mare Mostrum (Chile del terror 3)* de Editorial Austrobórea, luego fue antologado en el libro de narrativa fantástica nacional: *Rutas inciertas* de editorial Cuarto Propio.

A fines del 2017 también se publicó su cuento *Siete días*, finalista del Concurso de cuentos *Paula 2017* en el libro *Los Huesos y otros cuentos* de Alfaguara y Paula.

A comienzos del 2018 lanza su libro de cuentos de terror y ciencia ficción *El informe 5002* de Editorial Segismundo y el libro de cuentos fantásticos y surrealistas *El triturador de cabezas* de Editorial Estratos. En agosto de 2018 recibe el 2do lugar en el Premio Revista Lector por el poemario *Cementerio de mundo* en la categoría poesía y en octubre lanza su novela *El Orden*, tercera entrega de la saga 8128, por Editorial Austrobórea. En noviembre del 2018 es antologado en el libro de relatos *El legado del monstruo* de editorial Zig Zag por la celebración de los 200 años de la novela Frankenstein, con el cuento *El dios de la venganza*.

A principios del 2019 es nuevamente antologado en un libro de cuentos y relatos latinoamericanos de terror llamado *El Foso* de editorial Austrobórea, con su cuento *El desierto de los malditos*.

El mismo 2019 publicó la novela *El puente infinito*, novela infanto-juvenil por Triada Ediciones y el libro de relatos y cuentos *Thrasher y Otros Ruidos* de Biblioteca de Chilenia, en coautoría con Cristina Mars. En enero 2020 publicó su poemario *Bicéfalo* editado por Editorial Segismundo y en agosto del mismo año, su cuento *Escape Sordo* fue integrado en la antología *Confinamiento* de Cathartes Ediciones. En enero del 2021 publica el libro de cuentos y relatos *Límite Crepuscular* por medio de Sietch Ediciones.

En mayo del 2023 publica *Reina Madre* y en noviembre del mismo año la segunda edición, expandida y corregida, de *El Informe 5002*, ambas por Editorial Segismundo.

Publica, en agosto 2024, un poemario doble, con una segunda edición de *American Home* (revisada y corregida) y la *Inevitable Ausencia*, por la misma editorial.

También en octubre 2024, publica por Editorial Segismundo una nueva edición, revisada y expandida, de su saga *8128*, con los siguientes títulos: *Tarsis, El baile de las máscaras (Entidad), El Orden, El laberinto de Margot* y *Eva*.

Colaboraciones en revistas electrónicas y páginas web desde el 2005: Cinosargo, Tauzero, Ngc 3660, Axxon, Alfa Eridiani, Aurora Bitzine, Diaspar, La Marcha, El Foso, Revista Mordedor, etc.

Dicta talleres de narrativa para adultos y jóvenes desde el 2014 en: Taller Estudio 112, Taller En Creación, librería Qué Leo Forestal, Café Literario Balmaceda y de manera independiente. Talleres con marcada tendencia en la creación literaria, que buscan la identidad y el estilo propio de los integrantes. Varios de ellos han resultados ganadores, finalistas y con menciones honrosas en distintos certámenes y han publicado libros.

Tabla de materias

Colofón

Liber hic mechanice impressus, nescimus ubi vel quando, a robot *aliquo impresso postulato dicato. Unde impossibile est nobis significare quot codices moderni producti sint, vel quot in futuro producti sint. Speramus cremorem exossatum (i.e.* cream paper) 90 *chartam et operculum* cardboard *coloratum polylaminatum adhibitum esse, cum ligamine rustico per* hotmelt. *Saltem certi sumus* Book Antigua *typographic fontem usos esse, variis magnitudinibus et variantibus, pro plerisque interioribus eius.*

S

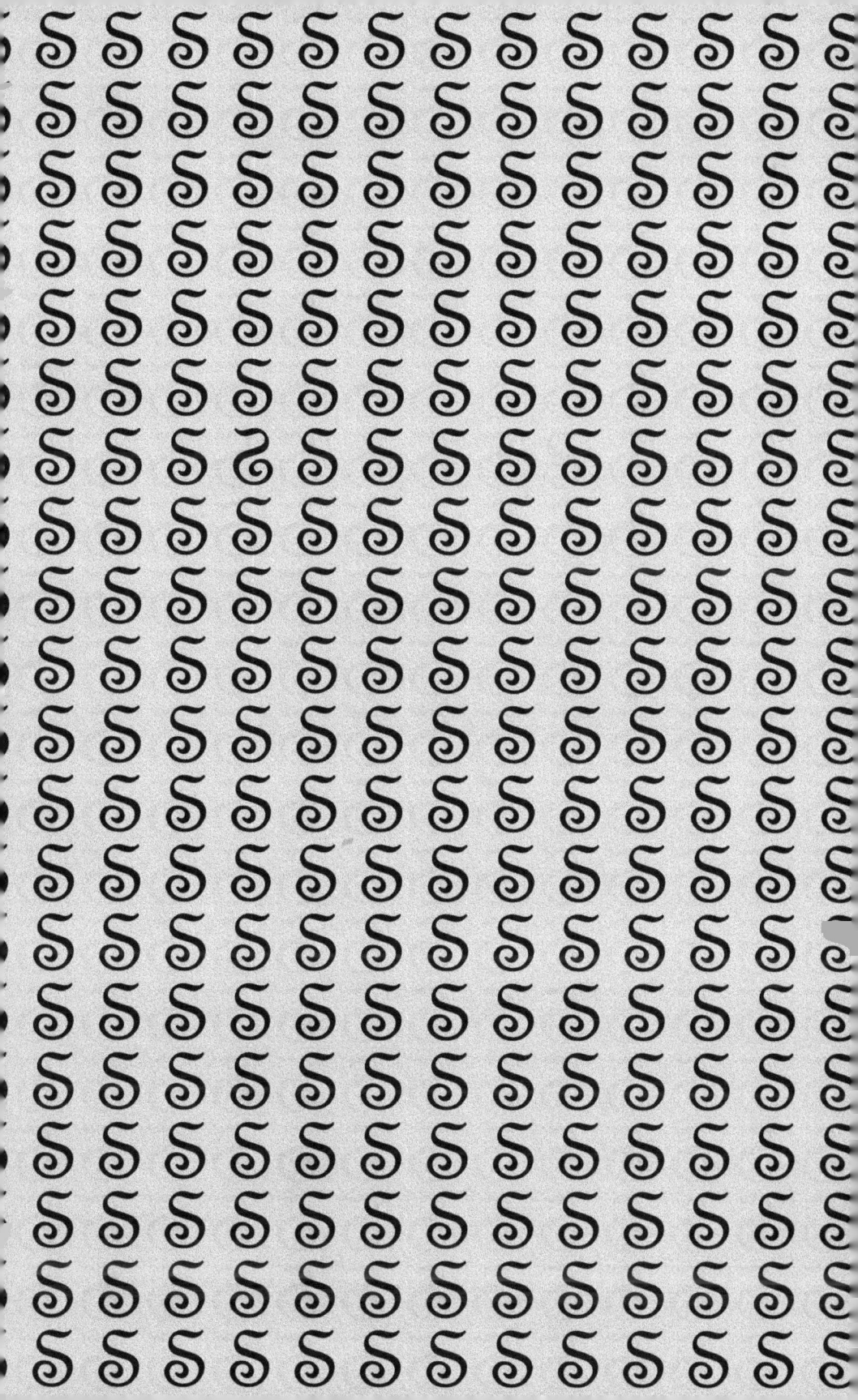